NOTRE-DAME

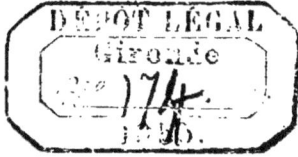

D'ARCACHON

PAR

l'Abbé X. MOULS

A BORDEAUX

CHEZ LES PRINCIPAUX LIBRAIRES

1855

Bordeaux. — Imprimerie générale de Mme CRUGY, rue et hôtel Saint-Siméon , 16.

A Son Éminence le Cardinal

Ferdinand DONNET,

Archevêque de Bordeaux, Primat d'Aquitaine, Sénateur, etc.

ÉMINENCE,

En 1624, le célèbre cardinal de Sourdis donna un grand essor au pèlerinage de Notre-Dame d'Arcachon, en invitant les fidèles à remplacer par une chapelle en pierres le modeste oratoire en bois élevé par les soins d'Illyricus, vers la fin du XVe siècle.

Imitant l'exemple d'un des plus illustres de vos prédécesseurs, après avoir doté, le 14 avril 1854, Arcachon d'un titre paroissial, vous avez daigné, Monseigneur, adresser à tous les zélateurs des sanctuaires de Marie une lettre pastorale pour les engager à rebâtir, en l'agrandissant, le sanctuaire de la Vierge.

Grâce à vous, Éminence, ce pèlerinage est déjà renommé dans toute la France et même dans les pays étrangers.

Souffrez que je dépose humblement aux pieds de Votre Éminence cet opuscule qui a pour but de propager le culte de Notre-Dame d'Arcachon, et veuillez l'agréer des mains de la reconnaissance.

J'ai l'honneur d'être, avec un profond respect,

De Votre Éminence

Le très-humble et très-obéissant serviteur,

X. MOULS,
Curé d'Arcachon.

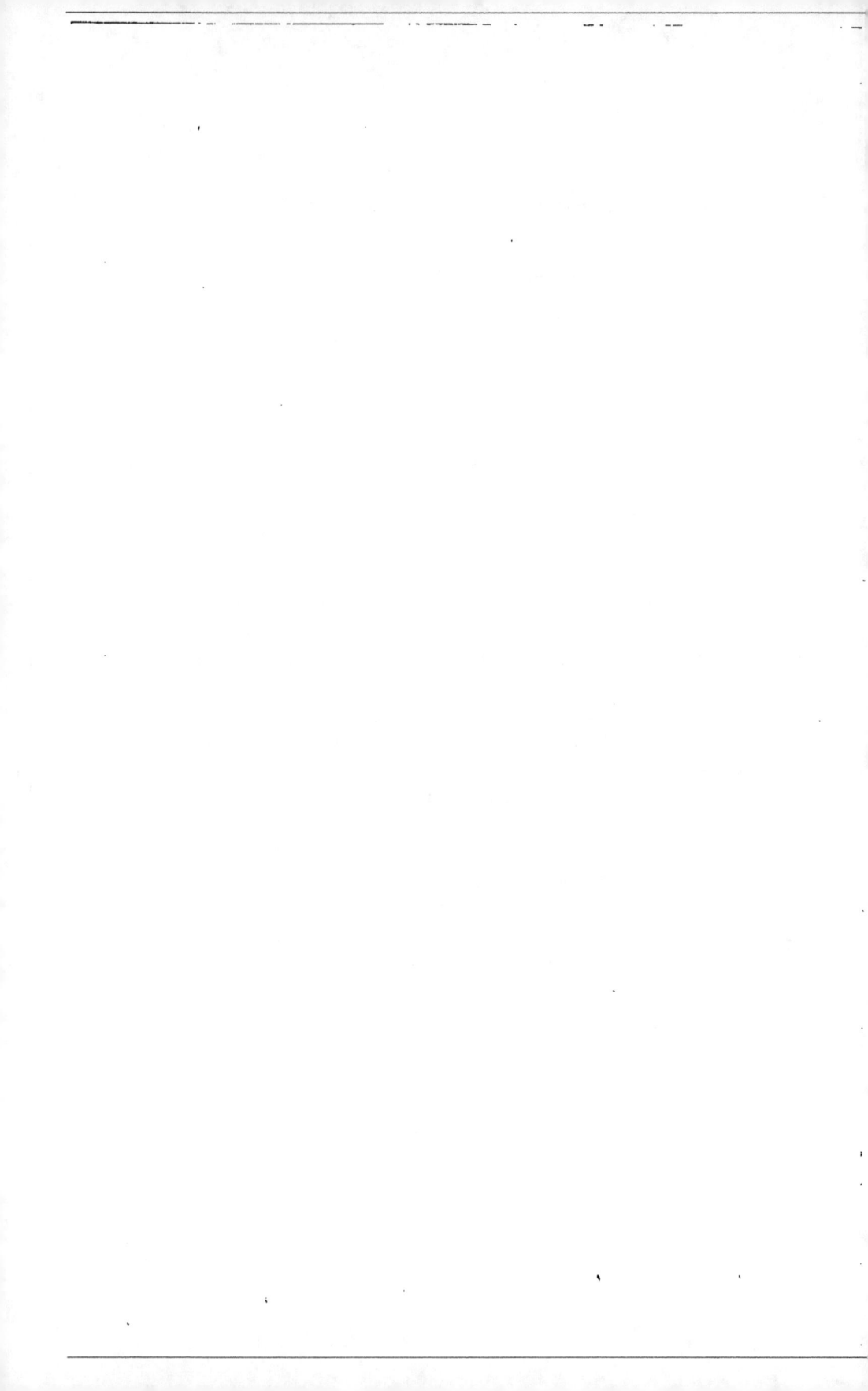

NOTRE-DAME D'ARCACHON.

I

Goût de l'homme pour les pèlerinages. — Récit de quelques faveurs obtenues par l'intercession de Notre-Dame d'Arcachon.

L'homme est essentiellement religieux : tout ici—bas lui révèle qu'il n'est pas dans sa patrie ; qu'il est voyageur, pè—lerin sur la terre.

De là, chez tous les peuples, dans tous les temps et dans tous les lieux, le goût inné des pèlerinages.

A son apparition dans le monde, le christianisme s'empara de cet instinct, le purifia, et lui donna un libre essor.

Personne n'ignore que les premiers fidèles aimaient à par—courir la Judée, à visiter les lieux sanctifiés par la présence du divin Maître et consacrés par ses miracles.

Cette habitation de la Vierge, miraculeusement transpor-
tée, le 10 mai 1291, de la Palestine en Dalmatie, et, en
1294, de la Dalmatie sur les marches d'Ancône, où elle est
de nos jours si vénérée sous le nom de Notre-Dame de Lo-
rette; cette humble demeure qui fut témoin de l'incarnation
du Verbe, les premiers chrétiens se plaisaient à la visiter.

Bientôt les lieux de pèlerinage se multiplient : on se rend
aux tombeaux des apôtres et des martyrs; enfin, au moyen
âge, on rencontrait partout, en France, en Espagne, en Italie,
des pèlerins qui, après avoir visité Saint-Jacques de Compos-
telle et Rome, s'en allaient dans la Judée chercher les traces
du Sauveur du monde.

Plusieurs fois l'Europe chrétienne se leva tout à coup pour
se mettre en route vers la Terre-Sainte. Les pèlerins arri-
vaient en foule de l'orient et de l'occident, du septentrion et
du midi. La soif des pèlerinages est la marque distinctive des
siècles de foi.

Donc, grâces immortelles soient rendues à Dieu pour la foi
de notre siècle ! En France, la religion reprend tous les jours
l'empire qu'elle avait autrefois sur les cœurs.

N'avons-nous pas entendu les cris d'indignation générale
qui répondaient à la nouvelle des outrages subis par les pèlerins de la Terre-Sainte ?

Pendant que, dans plusieurs départements, il se formait de
pieuses associations de chrétiens qui, prenant le bâton du
voyage, s'en allaient visiter la Palestine, n'avons-nous pas vu
la foi chevaleresque du moyen âge ressusciter tout à coup et
envoyer sur le champ de bataille de nouveaux croisés pour la
défense des Lieux-Saints ?

Le culte de la Mère de Dieu et des hommes forme le carac-
tère distinctif de notre époque; et il est vrai de dire que, si

le XVIIIe siècle put s'intituler le siècle de Voltaire, le XIXe mérite le nom glorieux de *siècle de Marie.*

Quel est en France le département qui n'a pas quelque sanctuaire dans lequel les chrétiens se rendent en foule aux fêtes de la Vierge?

Sans parler des autres lieux de dévotion particuliers au diocèse de Bordeaux, le pèlerinage de Notre-Dame d'Arcachon est aujourd'hui très-connu. Il a pris dans ces derniers temps un développement qui tient du prodige. Depuis le XVe siècle, il n'était connu que des habitants du littoral du Bassin et des Landes; maintenant il embrasse toute la France et jusqu'aux pays étrangers. Chaque année, plus de cent mille fidèles viennent se prosterner dans le sanctuaire de Marie, l'invoquent, l'honorent, se font gloire de porter ses médailles, et de les distribuer à leurs familles, à leurs amis.

Mais aussi, comme tout proclame les bontés de la Mère de Dieu et des hommes, dans son modeste asile d'Arcachon! La chapelle miraculeuse est tapissée d'ex-voto. Les yeux ne rencontrent sur les murs, aux lambris, sur les autels, partout, que les témoignages de la reconnaissance.

Voyez ces navires! que de tristes souvenirs ne réveillent-ils pas? Disons quelques mots des plus frappants.

En 1770, au commencement du printemps, Baleste-Marichon faisait voile vers Bayonne. Tout à coup une noire tempête enveloppe le ciel et irrite les ondes de la mer. Les vents déchaînés mugissent dans les voiles; les flots menaçants battent les flancs du navire, qui gémit sous leurs coups. Tantôt il est porté sur le dos des vagues, à la hauteur des montagnes; tantôt la mer semble se dérober sous lui et le précipiter dans l'abîme. Le pilote comprend qu'il fait des efforts inutiles pour empêcher l'esquif de faire côte. Pour comble de malheur, un

coup de vent brise le mât, déchire les voiles, et le navire
flotte à l'abandon, ballotté dans tous les sens, envahi par les
eaux, qui vont le faire sombrer. Tout l'équipage pousse un
cri de détresse : Notre-Dame d'Arcachon, sauvez-nous! sans
vous, nous périssons! s'écrient les matelots.

Le lendemain, la foule des curieux se pressait sur le port
de Bayonne, et se demandait comment ce navire avait pu tenir
à la mer et se sauver. A son retour à La Teste, l'équipage
vint accomplir son vœu. Les matelots étaient nu-pieds; le
patron, qui les précédait, tenait dans ses mains un ex-voto,
qu'il suspendit dans la chapelle, après la messe d'action de
grâces.

Au mois de juin 1737, un jeune capitaine faisait la traversée
de La Teste à Nantes. Depuis quelques jours le temps était
malade, et l'on voyait l'atmosphère chargée d'épaisses vapeurs.
Les vents d'est retenaient les nuages au sein des mers, d'où
les bruits d'un tonnerre lointain se faisaient entendre. Au
coucher du soleil, il y avait calme plat. Mais bientôt le vent
du sud-ouest se lève; il s'apaise, il renaît plus fort, il amon-
cèle les nuages, et tout à coup il les lance avec impétuosité
devant lui, presque dans la direction du navire. Les éclairs
brillent de toute part, le tonnerre gronde avec des roulements
sans cesse renaissants : la foudre éclate au haut du mât, tue le
mousse qui ramasse les voiles, et met le feu au navire, chargé
de bois de construction. Vains efforts pour l'éteindre! une
épaisse fumée enveloppe les pauvres marins. Pendant que,
debout sur le pont de l'esquif embrasé, à la vue de la mort qui
s'avance à grands pas, ils supplient Notre-Dame d'Arcachon
de leur être propice, la foudre éclate de nouveau, et les ren-
verse à demi-morts. Revenus à eux-mêmes, ils veulent cons-
tater les progrès de l'incendie : ils le trouvent éteint. Leur pa-

tronne les avait exaucés, et dans ses mains la foudre avait désarmé la foudre.

Regardez ce baril; lisez l'inscription qu'il porte. En 1842, un jeune marin de La Teste, aujourd'hui capitaine au cabotage, le déposa dans cette chapelle, comme un souvenir mémorable des bienfaits de l'Étoile des mers. Le jeune Osmin Laborde avait fait naufrage dans le golfe du Mexique. Pendant que les flots se disputaient leur proie, l'infortuné, en mourant, pensait à sa mère, et suppliait Marie de lui permettre de la revoir encore. Ses bras sont défaillants, ses forces l'abandonnent : il va périr, il jette un dernier regard vers les cieux !....

Enfin, ses mains crispées rencontrent un baril qui flotte à l'abandon. Renaissant à l'espérance, il serre contre sa poitrine cette ancre de salut, et pendant six heures il se soutient au-dessus des flots, qui le portent enfin au rivage. Rendu à sa mère, le jeune Laborde vint un jour, avec toute sa famille, suspendre le baril dans la chapelle des prodiges.

L'on dirait que toutes les espérances, toutes les craintes, toutes les misères se sont donné rendez-vous au pied des autels de Notre-Dame d'Arcachon.

Deux jeunes époux viennent ensemble prier la bonne Mère de cimenter leur union, de leur faire couler des jours tranquilles et heureux. Courage, enfants de Marie ! elle vous bénira : vous aurez les biens du temps et de l'éternité. Cette épouse sera pareille à une vigne abondante qui donne des fruits délicieux quand la saison est venue; comme de jeunes plants d'oliviers, vos enfants entoureront votre table, et formeront la couronne de votre vieillesse.

Une mère a perdu son enfant en bas âge! Inconsolable, elle adresse des reproches au ciel et à la terre, et se meurt de regret de ne pouvoir mourir. Près de succomber au chagrin qui la ronge, elle tombe aux pieds de la Consolatrice des affligés; l'espérance, comme un baume salutaire, descend dans son âme. L'infortunée lève les yeux, et la Mère du ciel lui apparaît sur les collines éternelles, tenant dans ses bras, appuyé sur son sein, un enfant qui s'enivre au torrent des plus douces voluptés. Il est heureux!... ils se verront un jour!... bientôt!... demain!... La pieuse mère est consolée.

Craignant de voir leurs nouveau-nés ravis à leur tendresse, des mères se pressent en foule dans l'étroite enceinte, pour appeler, par le ministère des prêtres, les bénédictions de Marie sur ces anges de la terre qu'elles vouent au blanc.

Quelle est cette jeune fille à genoux devant la statue de la Vierge? Pourquoi ces soupirs? pourquoi ces larmes? pourquoi ces ferventes prières? Ah! plaignez-la! Celle qui lui donna le jour va peut-être bientôt mourir! Pauvre orpheline! que ton sort est affreux! Que deviendras-tu, privée des soins d'une mère? où sera désormais ta vertu, loin de cette ombre protectrice? Quel affligeant avenir!... Mais elle prie! Quelle ferveur! O Marie! pourriez-vous ne pas l'exaucer?... Ses vœux sont satisfaits; et bientôt la mère et la fille viennent rendre mille actions de grâces au salut des infirmes : elles suspendent deux cœurs au col de la Vierge.

Ici, des convalescents déposent des tableaux en mémoire de leur guérison; là, des paralytiques appendent avec joie, aux murs de la chapelle, des béquilles, comme autant de trophées de la puissance de Marie.

Que de prodiges bien autrement remarquables n'aurions-nous pas à raconter? Autant l'esprit est au-dessus de la matière, autant les guérisons de l'âme l'emportent sur celles du corps.

Qu'une personne livrée à de funestes habitudes suspende tout à coup le cours de ses désordres, mette un frein à ses passions, et, sur les ruines des vices invétérés, construise l'édifice des plus belles vertus, n'est-ce pas un miracle aussi étonnant que la résurrection des morts?

Cette paix qui rentre subitement dans une âme agitée, cette faiblesse prête à succomber qui se change en une force invincible, ce courage qui se résigne à des maux auparavant intolérables, ne valent-ils pas tous ces prodiges par lesquels la nature infirme est rendue à son état normal, sans aucune transition naturelle?

Voilà des faits prodigieux qui tous les jours s'opèrent quand une foi vive les sollicite dans le sanctuaire de Notre-Dame d'Arcachon. Faut-il s'étonner que la modeste chapelle, désormais trop étroite pour donner un libre cours à la dévotion des pèlerins, demande à être reconstruite et agrandie?

Nous aimons à le proclamer, les temps ne sont pas éloignés où le pèlerinage de Notre-Dame d'Arcachon sera un des plus renommés en France, et par le concours des fidèles, et par les grâces signalées que la sainte Vierge continuera de répandre sur eux.

II

Site de la chapelle d'Arcachon. — Thomas Illyricus. — Oratoire
en bois.

Les objets extérieurs exercent sur nous une influence extraordinaire, dominatrice; et il est vrai de dire que l'homme se laisse captiver par les sens.

Il aime les riantes prairies émaillées de fleurs, les abîmes affreux où l'on voit suspendues ces masses de rochers brunis par le temps, qui mettent à nu la charpente du globe. Il aime les plaines fertiles au milieu desquelles serpente un fleuve majestueux qui leur donne la fécondité et l'abondance. Il aime les monts escarpés, qui semblent porter au ciel leurs têtes couvertes de glaces et de neiges éternelles. Il aime à errer à l'aventure dans les déserts, à se perdre dans le mélancolique et mystérieux ombrage des forêts. Surtout il aime passionnément la mer avec son immensité, avec ses soulèvements admirables et ses mugissements plus admirables encore. Tous les spectacles qui remuent l'âme profondément conviennent très-bien à sa nature.

Voyez comme la Providence a répondu au génie de l'homme dans la création des pèlerinages !

Tandis que les uns, comme Notre-Dame de Verdelais, sont assis au milieu d'une vallée délicieuse, ou, comme Notre-

Dame de Betharam, placés au sommet des montagnes, les autres, comme Notre-Dame de Fourvières, vous laissent contempler toute une grande ville et une vaste plaine admirable de fertilité ; ou, comme Notre-Dame de La Garde, dominer l'immense étendue des mers.

Parmi tous ces lieux de pèlerinage, celui de Notre-Dame d'Arcachon occupe un rang distingué. Favorisé de tous les dons de la nature et de l'art, il offre un aspect tout particulier, qu'on chercherait vainement ailleurs : on ne le retrouve nulle part.

Grâce à la rapidité des communications, Arcachon est aux portes de Bordeaux, et à douze ou quinze heures de la capitale.

Dans cette ville naissante et pleine d'avenir, vous rencontrez une longue rue, bordée des deux côtés de gracieuses villas, aux pavillons nombreux, aux galeries découpées en mille festons divers. Tandis que les unes, alignées sur les rivages d'une baie tranquille et paisible, semblent se mirer dans le cristal des eaux, les autres, par leur blancheur éclatante et leur jeunesse, forment un ravissant contraste avec le vert foncé et la teinte sombre des pins de la forêt.

A quelques pas de l'Océan, sur les bords d'un bassin magnifique, à l'entrée d'une immense forêt, au milieu des sables du désert, grâce à l'industrie humaine, les plus belles fleurs de nos jardins se sont donné rendez-vous dans les nombreux parterres de la ville naissante. En admirant leur délicatesse, leur éclat, leur fraîcheur, en savourant les doux parfums qu'elles recèlent, qu'elles répandent sur votre passage, vous arrivez, après trois kilomètres de route, dans l'allée de la chapelle, au fond de laquelle, à votre gauche, vous apercevez un escalier pittoresque qui conduit au sommet d'une colline. Au sein de la forêt, au milieu du feuillage, sur le plateau d'une dune, en présence du Bassin et de l'Océan, se trouve la modeste chapelle de Notre-Dame d'Arcachon.

Vers la fin du xve siècle, un homme doué d'une âme ardente et toute de feu remplissait l'Italie du bruit de ses prédications. Les plus vastes églises se trouvant trop étroites, au milieu des places publiques, en rase campagne, sous la voûte des cieux, il prêchait l'Évangile.

C'était un religieux cordelier d'Ancône; il s'appelait Thomas Illyricus.

L'Italie est conquise à Jésus-Christ; mais il faut de nouveaux triomphes à l'apôtre : il traverse les Alpes, il paraît dans le midi de la France, et, de victoire en victoire, il arrive dans la capitale de la Guienne, à Bordeaux.

A l'entrée du couvent de la Grande-Observance, on voyait alors une large et magnifique place : le nouveau Chrysostôme y transporte son auditoire. Rien ne résistait aux torrents de son éloquence. Mais tout à coup une préoccupation terrible a traversé l'esprit d'Illyricus : il a pensé qu'à la suite de tant de prodiges, quelque chose d'humain pourrait bien se glisser dans son cœur. Comme saint Paul, il craint qu'après avoir sauvé des milliers d'âmes, il ne vienne à perdre la sienne.

C'en est fait : il quittera le monde, où il a brillé d'un si vif éclat; il se plongera dans la solitude. Il disparaît de Bordeaux, et se dirige vers l'ouest. Après deux jours de marche pénible à travers le désert, il s'arrête, saisi d'admiration à la vue du magnifique spectacle qui se déroule devant lui : à ses pieds, le Bassin d'Arcachon, baie immense et paisible de vingt lieues de circonférence; à sa gauche, l'Océan dans tout l'appareil de sa majesté; à sa droite, une autre mer, plaine infinie, les landes de Gascogne avec leur aride nudité; autour de lui, des montagnes de sable vomies par les flots, et devenant à chaque instant le jouet des vents, qui les soulèvent et les transportent ; et pour compléter ce merveilleux tableau, entre deux rangs d'écueils blanchis par l'écume, un étroit passage, servant de trait d'union entre l'Océan et le Bassin, qui, parfois calme et tranquille, parfois s'agite tout à coup, et oppose une barrière infranchissable aux navires qui travaillent à regagner le port.

Une solitude profonde règne dans cet endroit ; elle n'est troublée de temps en temps que par les pas de quelques pauvres marins, dont les cabanes de chaume, dispersées çà et là, indiquent que le Bassin d'Arcachon, comme le lac de Génézareth, est fréquenté par des pêcheurs.

Quoi de plus propre que ce lieu à élever l'âme dans les régions de l'infini, à la méditation des années éternelles ? Ce désert sera désormais la patrie d'Illyricus ; il s'y livre à la prière, à l'étude, et nous laisse l'ouvrage intitulé : *Qualités d'un vrai prélat.*

Un jour que, placé sur une hauteur, en face de l'entrée de l'Océan dans les terres, le solitaire admirait l'horreur d'une tempête, deux navires dont les vents impétueux secondés par les vagues ont brisé les mâts et déchiré les voiles, lui apparaissent au milieu des écueils : le naufrage est inévitable. L'homme de Dieu tombe à genoux, imprime sur le sable le signe de la rédemption, invoque l'Étoile des mers, et, *chose non jamais vue,* dit la chronique, la tempête cesse, le calme renaît aussitôt, et les deux navires arrivent heureusement au port.

On voit cette scène émouvante représentée dans la chapelle actuelle ; à la fin du siècle dernier, une main habile la peignit. L'action corrosive de l'air de la mer l'avait défigurée, lorsque,

le 20 juin 1837, on confia le soin de la reproduire à un peintre
de mauvais goût qui nous la donna dans l'état grotesque où
l'œil s'afflige de la voir aujourd'hui. Grâce à Dieu, bientôt un
pinceau exercé nous la montrera dans la voûte du sanctuaire
de la nouvelle église.

Ce tableau représente un religieux cordelier à genoux sur
le rivage, les mains élevées vers le ciel. Au milieu des ondes
écumantes, un navire apparaît sur le point de faire naufrage.
La Vierge radieuse perce tout à coup l'obscurité des nues,
commande à la tempête : il se fait un grand calme.

Quelque temps après, Illyricus recueillait sur la plage,
presque enfouie dans le sable et toute mutilée, une petite
statue de la Vierge en albâtre.

Le saint a compris les vues de la Providence; et sur les
bords du golfe de Gascogne, patrie des tempêtes, il fonde le
pèlerinage de Notre-Dame d'Arcachon, principalement en
faveur des marins.

Au sommet de la colline au pied de laquelle l'image de
Marie a été trouvée, en présence de la passe terrible, domi-
nant l'Océan et le Bassin, une modeste chapelle en bois est
élevée.

Les marins viennent se prosterner devant leur auguste patronne; et, grâce aux faveurs reçues, le saint asile est bientôt
orné des dons de la reconnaissance.

Profitant de l'absence du solitaire, des forbans y abordent,
et portent une main sacrilége sur les objets du culte : la chapelle est pillée. Par un temps calme et serein, ils voguaient
tranquilles, se réjouissaient du succès, et se partageaient les
saintes dépouilles : ils donnent à leur insu contre un écueil;
le frêle esquif se brise, et, malgré le calme des eaux, ils périssent tous en face du lieu qu'ils viennent de profaner.

On vit alors combien Dieu avait à cœur le temple dédié à sa Mère, et la dévotion à Notre-Dame d'Arcachon prit aussitôt un développement aussi extraordinaire qu'inattendu.

En mourant, le digne anachorète put se réjouir d'avoir fondé un pèlerinage qui, dans son cours à travers les siècles, devait attirer sur ces plages arides et désertes, pour les féconder, des torrents de grâces divines, destinées à produire des résultats immenses, incalculables dans l'ordre religieux et social.

O Illyricus! que dirait maintenant votre belle âme, si, reprenant sa dépouille terrestre, elle visitait cette contrée fécondée par vos sueurs, par vos prières, par les austérités de vos pénitences?

Le génie de l'homme a su dire à ces montagnes de sables mouvants, qui menaçaient de tout envahir : *Vous irez jusquelà, vous n'irez pas plus loin!* et une immense forêt de pins couvre les sables arides. Ce magnifique bassin, naguère inconnu, sera bientôt un des plus beaux ports de l'Europe et du monde. Une voie ferrée est venue rapprocher les distances : Arcachon est aux portes de Bordeaux. Des milliers de voyageurs y accourent de tous les pays. Le désert a fleuri, la solitude a parlé; le silence a fait place à l'agitation, au mouvement, au bruit d'une grande ville.

Des flots de pèlerins se pressent dans le sanctuaire aux pieds de la statue que votre piété recueillit, il y a trois siècles et demi. Quel concours prodigieux! Quelle dévotion! Quelle ferveur! Voyez ces dons multipliés de la reconnaissance des enfants de Marie. Que de matelots sauvés du naufrage! Que de malades guéris! Que de pêcheurs ramenés à la vertu? Mais la foule augmente : la chapelle est désormais trop étroite et trop incommode pour donner un libre essor à la religion des peuples; il faut la rebâtir et l'agrandir.

Ministre de Jésus-Christ, pourriez-vous être témoin d'un spectacle si beau, sans être ravi d'admiration? Lorsque des milliers d'auditeurs étaient autrefois suspendus à vos lèvres, cette vue remuait-elle profondément votre cœur comme le spectacle qui vous est offert aujourd'hui?

Mille actions de grâces vous soient rendues! En créant le pèlerinage de Notre-Dame d'Arcachon, vous avez préparé le brillant avenir de notre cité.

Le corps de Thomas Illyricus enrichit le sol d'Arcachon, fécondé par ses sueurs, illustré par ses miracles.

Notre siècle reconnaissant a su élever des statues à Pierre l'Ermite, à saint Bernard, à Jeanne d'Arc, aux bienfaiteurs de l'humanité. Pourquoi les mêmes hommages ne seraient-ils pas rendus au véritable fondateur d'Arcachon?

Je nourris au fond de mon cœur la douce espérance que bientôt, quand la nouvelle église sera construite, une statue représentant le célèbre cordelier sera élevée par les mains de la reconnaissance.

III

L'oratoire en bois est remplacé par une chapelle en pierres. —
L'Annonciation, fête patronale d'Arcachon.

Depuis le frère cordelier Thomas Illyricus, de sainte et glo-
rieuse mémoire, jusqu'à l'époque de la révolution française,
la chapelle miraculeuse fut desservie par les cordeliers de la
Grande-Observance de Saint-François d'Assise. L'archevêque de Bordeaux les nommait sur la présentation du supé-
rieur de l'Ordre.

En 1624, le siége archiépiscopal de Bordeaux était occupé
par un de ces hommes extraordinaires que la Providence
suscite de temps en temps pour changer la face des choses.
En France, et dans la Guienne surtout, la fureur des guerres
de religion avait accumulé le sang et les ruines. La haine des
hérétiques ne se bornait point aux personnes; elle en voulait
aux églises, qu'elle pillait et dévastait. Le célèbre cardinal de
Sourdis, prélat dévoré du zèle de la maison de Dieu, entreprit
de guérir les maux causés par la réforme. Les sanctuaires de
la Vierge eurent ses préférences. Son Éminence rebâtit l'église
de Notre-Dame de Verdelais, donna de l'éclat à ce pèlerinage,
et contribua aussi beaucoup à étendre la dévotion à Notre-
Dame d'Arcachon.

Ayant appris que le modeste oratoire en planches, élevé

par le frère Thomas, *était trop étroit et trop incommode,* le 12 janvier 1624, Son Éminence autorisa l'ermite préposé à sa garde à le reconstruire en pierres et sur le même emplacement.

Ses encouragements et les pieuses largesses des habitants de La Teste, toujours bons et généreux, créèrent, dans l'espace de deux ans, une chapelle plus digne de la Reine des cieux.

Une construction d'église est une prédication solennelle, puissante, féconde en résultats durables pour le salut des âmes; et l'on peut dire qu'il n'est pas de mission capable de produire autant de bien réel et permanent.

On bâtit une église : cette nouvelle se répand au loin ; on en parle, on se souvient de Dieu, on réfléchit. La curiosité attire les peuples, la foi se ranime, l'espérance descend dans les âmes; la charité lui donne des ailes.

Si l'aumône faite aux pauvres est toujours payée au centuple, que ne doit-elle pas obtenir quand Dieu en est l'objet? Mille bénédictions du temps et de l'éternité accompagnent toujours la création d'un temple catholique.

Le pèlerinage de Notre-Dame d'Arcachon n'était d'abord connu que des habitants du littoral du Bassin. Dès que le nouveau sanctuaire fut achevé, les populations du Médoc et des Landes se pressèrent dans son enceinte. La dévotion prit bientôt un développement prodigieux. Pour cimenter la foi des chrétiens et pour étendre le culte de Marie, le Tout-Puissant fit des miracles. On vit le cardinal de Sourdis accorder, le 10 mars 1626, une indulgence de cent jours à tous ceux qui visiteraient le sanctuaire de Notre-Dame le jour de l'Annonciation.

Ce document précieux nous donne à comprendre et les

prodiges opérés, et l'empressement des fidèles, et l'origine ancienne de la fête de l'Annonciation, comme fête patronale de Notre-Dame d'Arcachon.

De graves motifs ont déterminé le choix de cette solennité. Elle a lieu le 25 mars, au commencement du printemps. Or, tout le monde sait qu'à cette époque la nature entière est dans un travail plus grand que jamais. L'harmonie de l'univers entraîne l'Océan dans le mouvement général ; et c'est alors surtout que le trop fameux golfe de Gascogne est la patrie des tempêtes. On peut lui appliquer ce beau vers de Racine :

> Quelle mer fut jamais plus fertile en naufrages !

En 1836, au mois de mars, un cri de détresse retentit tout à coup dans toute la France. De pauvres pêcheurs étaient allés demander à l'Océan de les nourrir. L'impitoyable élément les dévore : soixante-dix-huit pères de famille périssent ensemble au milieu des flots, et laissent quatre cent cinquante orphelins, qui n'ont pour soutien que leurs mères désolées. La mer, insatiable, réclame tous les ans de nouvelles victimes. L'étranger qui arrive dans notre pays est étonné de ne rencontrer partout que de pauvres femmes, aux vêtements de deuil, au visage décomposé par la douleur et les larmes. Qu'il interroge l'Océan ! Voilà le bourreau. Dans ces contrées essentiellement maritimes, les pauvres pêcheurs sont ordinairement moissonnés par la mort avant l'âge. Le poëte Jasmin l'a très-bien dit : ils meurent tous, et de bonne heure ; et sous ce beau ciel, le pêcheur ne connaît pas la vieillesse.

> Y moron touts, et de boun houro ;
> Et débats aquet pourit cel,
> Lou pescayre nou ben pas biel.

Le Carême est une saison riche pour nos marins. L'appât du gain les stimule, et parfois les rend téméraires. Ils veulent affronter la passe terrible : elle fait des victimes.

Il fallait donc, au moment du danger, inviter les peuples à se rendre dans le sanctuaire de Marie, pour obtenir de l'Étoile des mers secours, protection et salut.

Telles sont les raisons qui ont dû inspirer, dès le principe, l'heureuse idée de choisir l'Annonciation comme fête patronale de Notre-Dame d'Arcachon.

IV

Mouvement du sable. — La chapelle disparaît sous une dune.

Quand les vents d'ouest sont déchaînés sur les bords de la baie d'Arcachon, rien n'égale leur violence ; ils soulèvent des tempêtes, ils précipitent les flots contre le rivage avec le bruit du tonnerre ; ils font vomir aux vagues courroucées des masses de sable, qu'ils sèchent, dispersent, et amoncèlent capricieusement comme la neige des montagnes. Les dunes qui avoisinent l'Océan et la baie présentent l'aspect d'une chaîne de petites collines entrecoupées de vallons, ainsi distribuées au gré des vents.

Avant que le génie de l'homme opposât, en 1788, par l'invention des semis de pins, une barrière insurmontable à ces masses mouvantes, on voyait souvent des dunes quitter une place et en prendre une autre dans l'espace d'un matin.

Or, ces torrents menaçaient de tout envahir : d'après les calculs de la science, Bordeaux lui-même, quoique situé à soixante kilomètres, devait disparaître sous les sables dans quelques siècles.

L'église de La Teste fut ensevelie vers le milieu du XVIIᵉ siècle. Malgré sa position élevée, celle d'Arcachon devait subir le même sort.

Le 13 avril 1719, M. Jean Baleste-Guilhem, alors marguillier d'Arcachon, annonça, dans une assemblée paroissiale, que la chapelle de Notre-Dame était presque enterrée dans les sables, qui, à l'ouest, au nord-ouest et au nord, s'élevaient déjà *de plus de neuf à dix pieds au-dessus du toit.* En glissant de cette hauteur, ils s'étaient accumulés le long des murs : on ne voyait plus ni la porte principale, ni les fenêtres.

M. Baleste-Guilhem appela l'attention de l'assemblée sur les moyens à prendre afin de préserver le sanctuaire d'une ruine totale. On nomme aussitôt une commission, composée de MM. Mesteyreau, juge ; Pierre Baleste de Tahard, fabricien en chef de l'église de La Teste ; Jean Baleste-Marichon, notaire royal. On se transporte sur les lieux, et un rapport détaillé est soumis à l'assemblée, qui le transmet à Mgr l'archevêque de Bordeaux.

Quelques jours après, une ordonnance de MM. les Vicaires-généraux confirmait le choix des commissaires, leur adjoignait quelques autres membres, et les invitait à s'occuper, sans retard, de la conservation de la chapelle.

La commission constata que l'édifice allait disparaître inévitablement au milieu des sables.

Mais la sainteté du lieu, la beauté du site, des raisons d'économie déterminèrent M. Baleste-Guilhem à soutenir qu'il fallait se borner à *exhausser les murs de six à sept pieds, en comblant d'autant l'intérieur de la chapelle;* qu'alors le bâtiment se trouvant assis sur le sommet de la colline, les vents emporteraient le sable dans les régions inférieures.

La majorité adopta cette proposition bien mal à propos ; le passé aurait dû l'éclairer sur l'avenir. L'expérience apprenait assez que cinq ou six pieds d'élévation de plus n'arrêteraient pas l'envahissement. Le sanctuaire n'avait-il pas été bâti, dès le principe, sur un point culminant?

Mais il en coûtait à ces hommes de foi d'abandonner ce lieu, où le célèbre Illyricus avait offert les saints mystères, et que la divine Marie avait consacré par des miracles.

D'ailleurs, le site était vraiment pittoresque : bâtie à un kilomètre à l'ouest de la chapelle actuelle, sur une partie de la dune de Bernet, qui a disparu maintenant sous les eaux, du haut de ce cap, l'église dominait *la grande et la petite mer*, c'est-à-dire l'Océan et le Bassin. Le coup d'œil était magnifique : il embrassait la vaste étendue de la baie en forme de croissant; il avait en face le détroit orageux, toujours couvert d'une écume blanche comme la neige; et au-delà, il se perdait dans l'infini des grandes eaux.

Le cap Ferret, sur lequel un phare élégant a été élevé en 1840, n'existait point encore, et la mer battait sur la partie de la côte qu'on appelle aujourd'hui la Grande-Dune.

En arrivant sur la passe, au milieu des écueils, le navigateur apercevait aussitôt le sanctuaire de Notre-Dame, et saluait l'Étoile des mers comme son phare protecteur.

Quand on pense à la beauté du site, à la foi de ces heureux temps, à la difficulté de trouver dans le voisinage un endroit qui fût à l'abri des sables, on comprend que la proposition de M. Baleste-Guilhem ait été adoptée.

Mais il est des circonstances où les demi-mesures ne valent rien; où, en voulant tout concilier, on perd tout : les moyens extrêmes sont alors nécessaires. La commission avait perdu de vue ces maximes; le bon sens public, meilleur juge, ne se rallia point à cette décision, et les choses traînèrent en longueur jusqu'à ce qu'enfin, le 2 novembre 1721, la chapelle ayant été complètement envahie, il fut démontré qu'on ne devait plus bâtir sur le même emplacement.

V

Construction de la chapelle actuelle en 1722. — Belle conduite des
marins en 1793.

Une cruelle expérience avait appris qu'il ne fallait plus con--
struire le sanctuaire de Marie au milieu des sables mouvants.

A un kilomètre à l'est de la pointe de Bernet, à trois cents
mètres du Bassin, se trouvait un lieu planté de chênes et de
pins. Sous leur protection croissaient en abondance et l'arbou-
sier toujours vert, et l'humble bruyère qui, lorsque tout s'en-
dort sous la glace des hivers, donne des bouquets de fleurs
d'une délicatesse et d'un fini extrêmes. La nature semblait
avoir pris soin d'indiquer la place qu'avait choisie la Reine des
cieux pour mettre son temple à l'abri des orages, et pour fa-
voriser la méditation et la prière.

Cette forêt, qu'on appelle Binette, appartenait aux MM. Guil-
laume et Peyjéhan de Francon. La commission les pria de
céder, *soit à titre de don*, *soit à prix d'argent*, le terrain
nécessaire pour bâtir la chapelle et la demeure du religieux
préposé à sa garde. Ces Messieurs accueillirent favorablement
la demande, et, par un acte notarié, ils *cédèrent gratuitement
environ un journal de terrain.*

Cependant la religion des enfants de Marie s'alarmait de voir
la statue de la Vierge sans un asile dans lequel on pût l'in-

voquer et offrir les divins mystères. La destruction de la chapelle vénérée, le temps qu'il fallait pour en bâtir une autre, étaient nuisibles au pèlerinage.

Pour remédier au mal, la commission fut d'avis d'élever un modeste oratoire en bois, sur le plan de celui d'Illyricus, pendant qu'on bâtirait l'église. Il y eut des lenteurs, probablement occasionnées par la mort de M. le curé Cocard.

Enfin, le 4 octobre 1722, l'oratoire était fini et les travaux de l'église actuelle commencés. Mais les fonds étaient épuisés; et, pour terminer l'édifice, la somme de 800 livres devenait nécessaire.

On se souvint alors que, pour les réparations faites soit à à l'église, soit au clocher de La Teste en 1666, 1668 et 1679, sous MM. Négarieux et Philot, curés de cette paroisse, on avait pris dans le tronc de la chapelle d'Arcachon une somme considérable, et il fut décidé qu'il était juste que la fabrique de La Teste payât de retour : elle donna 800 livres.

Des pièces officielles établissent d'une manière indubitable qu'en dehors de ce secours, le trésor de Notre-Dame d'Arcachon couvrit la dépense. L'église actuelle n'a été bâtie, ni aux frais de celle de La Teste, ni aux frais d'un particulier appelé M. Baleste-Guilhem, ni aux frais des bons marins du littoral du Bassin. Grâce à la piété des fidèles, elle a trouvé dans ses coffres les ressources demandées pour sa reconstruction.

Commencée au mois de septembre 1722, elle fut achevée dans le courant de l'année suivante.

Remarquons en passant que, malgré le changement de site, le culte de la Vierge alla toujours croissant. La religion éclairée des enfants de Marie sut faire la part des circonstances : elle ne s'arrêtait pas aux murs de l'édifice ; elle suivit la statue

miraculeuse dans le nouveau sanctuaire, qui fut bientôt tapissé
d'ex-voto.

La révolution française éclate. Plus terribles que les forbans, les démolisseurs de 93 veulent piller le temple, briser
la statue et mettre tout en ruines. L'alarme règne dans toute
la contrée. Ils allaient accomplir leurs sacriléges projets : in-
dignée, la population maritime d'Arcachon se lève comme un
seul homme, et jette l'épouvante dans l'âme des terroristes,
qui prennent aussitôt la fuite. La chapelle est épargnée.

VI

Description de la chapelle. — Nécessité de la reconstruire et de l'agrandir.

Située sur le plateau d'une colline, l'église actuelle est entourée de pins séculaires qui lui servent de couronne. Malheureusement leur nombre diminue chaque année. A l'orient et au midi, on voit une épaisse forêt de pins et d'arbousiers, dont la verdure éternelle et sombre jette dans ces lieux une teinte mystérieuse qui prépare l'âme au recueillement et à la méditation.

Un riche propriétaire d'Arcachon a ouvert, à l'ouest, en 1854, une magnifique allée, au fond de laquelle on aperçoit les eaux bleuâtres du Bassin.

Du côté du nord, l'allée de la chapelle gémit encore de se voir dépouillée des arbres majestueux qui l'ombrageaient, il y a quatre ans. Longue de trois cents mètres, elle était bordée de cent quarante chênes énormes qui, étendant leurs branches et mariant ensemble leurs rameaux, formaient une voûte de verdure jusqu'au sanctuaire de Marie. Une extrémité touchait à la baie, et l'autre à la chapelle, où conduisait un escalier vraiment pittoresque.

En passant, l'étranger ne pouvait s'empêcher d'admirer cette merveille de la nature. Une nuit a suffi pour détruire le

prestige de cette allée et du monument religieux : presque
tous ces chênes gigantesque sont tombés sous la hache de
quelques vandales. Des regrets trop tardifs les épargnent maintenant : on n'ose plus y toucher ; et ils pourrissent tous dans
un chantier de construction de La Teste.

Tandis qu'un épais feuillage entourait autrefois, comme
d'une auréole, le modeste asile avec ses avenues, et cachait la
nudité de ses murs, l'œil s'attriste aujourd'hui de les voir hor-
riblement badigeonnés à l'ocre jaune.

La chapelle a vingt-trois mètres soixante-six centimètres
depuis la sacristie jusqu'au seuil de la porte principale, huit
mètres soixante-six centimètres de largeur intérieure, et
quatre mètres trente-trois centimètres d'élévation. C'est une
basilique parfaitement orientée. Le clocher n'est qu'un pan de
mur, un simple pignon en harmonie avec l'église : il a trois
mètres de hauteur. La petite cloche qu'il supporte répondait
autrefois à la modestie de l'édifice et à la solitude profonde de
ces lieux : elle interrompait à peine le silence de la forêt.

Mais aujourd'hui, pour une ville qui n'a pas moins de cinq
kilomètres de long, ne faudrait-il pas une voix forte et puissante, qui dominât le bruit de l'Océan, et retentît aux oreilles
des fidèles pour les convoquer à la prière ?

En 1723, l'entrée principale était protégée contre les fu-
reurs des vents d'ouest par un auvent en rapport avec l'église
et avec celui qui décore la porte latérale : il tombait de vé-
tusté ; l'architecte désigné voulait le reproduire dans son état
primitif. Le mauvais goût de l'administration locale prévalut, et
enfanta, en 1842, ce péristyle toscan, dont la jeunesse, la
blancheur et le style forment un affligeant contraste avec l'âge
et la couleur jaunâtre de la chapelle.

Dès le seuil de la porte, on aperçoit les trois autels, au

delà d'une grille en fer battu, artistement faite et très-habile-
ment disposée.

L'autel principal, étincelant d'or, est dédié à la Vierge : la
statue miraculeuse apparaît dans une niche au-dessus du ta-
bernacle. Taillée dans un bloc d'albâtre, elle a quarante-cinq
centimètres d'élévation. La Vierge-Mère est représentée assise, tenant son divin Fils sur son bras droit, appuyé sur son
sein ; elle est enveloppée dans son manteau oriental, remarquable par la délicatesse, le fini, le naturel de ses plis. Les
traits du visage, la forme plate de la statue, la font remonter
au xiiie siècle.

Les enfants de Marie ont eu soin d'orner richement l'image
de leur Mère commune. Un tablier artistement brodé, et par-
semé de paillettes d'or, ne laisse voir que la tête de la Vierge et
celle de Jésus, ornées d'une brillante couronne. Au col de la
Reine des cieux, sont suspendus des cœurs, un scapulaire ;
une triple chaîne supporte une croix de vermeil, ornée de
pierreries.

Les deux autels latéraux sont dédiés, celui de droite à
sainte Anne, mère de la Vierge, et celui de gauche à saint
Clair, évêque et martyr.

Au préjudice du sanctuaire, et à l'aide d'une cloison en bois,
on a formé, en 1723, une étroite et mauvaise sacristie, dans
laquelle on est étonné de découvrir les fonts baptismaux sous
le marche-pied du vestiaire.

L'humidité qu'entraîne le voisinage de la mer a donné l'i-
dée de recouvrir en bois les murs intérieurs de l'édifice. Le
travail a été fait avec soin ; mais nous remarquerons que,
comme tout le reste du bâtiment, ces boiseries gémissent de
se voir défigurées par mille et mille inscriptions bizarres, parfois même indécentes, mais toujours déplacées.

Disons un mot du lambris et des peintures.

Le peu d'élévation des murs demandait impérieusement que la voûte formât le plein-ceintre ou au moins le berceau ; on l'a construite en arc tout à fait surbaissé, et, la charpente se trouvant trop basse de cerveau, on étouffe dès que la réunion des fidèles est un peu considérable.

L'église est toute peinte. Celui qui, en 1723, décora les lambris et les murs, avait certainement du goût et du talent ; il excellait dans l'ordonnance du travail et ne manquait pas d'habileté dans les détails. Les tableaux peints sur toile, du sanctuaire et du chœur, encadrés dans les boiseries de la chapelle, les figurines qu'on découvre sur quelques vieux lambris détachés de l'église et placés dans la sacristie, annoncent un pinceau exercé.

L'ordonnance est la même aujourd'hui qu'autrefois.

En 1837, l'air corrosif de la mer avait compromis ces peintures ; on voulut les rafraîchir, et la fabrique vota 560 francs. Plût à Dieu qu'on eût consacré cette somme à tenir éloigné le peintre qui eut la témérité d'entreprendre ce travail ! Son pinceau fut d'une grossièreté extrême ; il défigura tout. Mais, grâce au ciel, ces peintures que l'art désavoue, cette architecture qui non seulement n'a rien de remarquable, mais encore atteste l'ignorance et le mauvais goût du xviiie siècle, si plein de mépris pour le moyen âge et pour le style gothique ; cette chapelle qui, maintenant comme du temps de l'illustre cardinal de Sourdis, est trop étroite depuis que le désert s'est peuplé, trop incommode à cause de son érection en église paroissiale, le 15 avril 1854 ; tout cela cédera bientôt la place à une belle église, digne de l'avenir d'Arcachon. Déjà ce soin a été confié à M. Alaux, architecte distingué de Bordeaux.

La nécessité des temps et des lieux n'exige plus, comme

en 1724, qu'on la rebâtisse ailleurs; et malgré le vandalisme passé, le site est toujours pittoresque et monumental. C'est là que depuis un siècle les fidèles vont se prosterner aux pieds de la Mère de Dieu et des hommes.

Transportons-nous par la pensée à cette époque prochaine où, grâce à l'impulsion donnée par Son Éminence le cardinal Donnet, archevêque de Bordeaux, dont le zèle infatigable fait revivre les nobles traditions et les œuvres glorieuses du célèbre cardinal de Sourdis! grâce au Gouvernement qui porte le plus grand intérêt à la baie d'Arcachon! grâce aux nombreux zélateurs des sanctuaires de Marie, les vœux du premier pasteur de ce diocèse seront accomplis par la construction d'une église aux vastes proportions.

Admirons la beauté de l'édifice nouveau : au fond de cette avenue qui se termine par un escalier monumental, sur le plateau de la colline, au milieu d'un épais feuillage toujours vert, s'élève le nouveau sanctuaire de Notre-Dame. Voyez, en face de l'allée de la chapelle, ce riche portail gothique où les gloires du Paradis sont représentées; au-dessus d'elles, au milieu du fronton de l'édifice, la Vierge est debout, regardant le Bassin, étendant les bras pour bénir les matelots, les pêcheurs qui vont affronter les dangers de la mer.

L'étendard de la Croix est arboré au sommet de cette élégante flèche qui, se détachant de l'édifice, semble se perdre dans les nues. Il domine la forêt comme pour en prendre possession et la protéger de son ombre; il domine la cité naissante, pour lui prédire un brillant avenir; il domine l'Océan, pour calmer ses tempêtes; et de la haute mer, le navigateur salue ce phare protecteur.

Mais une voix puissante fait tout à coup sortir le désert de son profond silence! C'est l'airain sacré qui se fait en-

tendre du milieu de la flèche aérienne, bâtie pour lui et de-
venue sa demeure et son trône. C'est la voix de Dieu dans
le temple de l'univers; c'est la voix de l'église catholique
invitant les peuples à la prière. Ils accourent. Douze cents
fidèles s'assemblent et trouvent place dans le nouveau sanctuaire. L'orgue déroule ses flots d'harmonie sous les voûtes
sonores de la basilique. Quels chants mélodieux! quelle pompe
dans les cérémonies! quel recueillement! quelle ferveur en
présence de la statue miraculeuse placée au maître-autel tout
resplendissant d'or et de lumière! Quoi de plus attrayant que
la scène retracée dans la voûte du sanctuaire!... Une horrible
tempête surprend un navire à son entrée dans le Bassin d'Arcachon : battu par les vents et par les flots, emporté par des
courants rapides, il va se briser contre un écueil au milieu
des vagues courroucées et toutes blanches d'écume. Depuis le
rivage, Illyricus l'aperçoit, il frémit de crainte, il lève des
mains suppliantes vers le ciel. Tout à coup la Vierge perce
l'obscurité des nues, elle apparaît radieuse, son sourire rassure
les malheureux naufragés, les nuages s'enfuient, le ciel est
serein, l'Océan fait silence, et, secondé par les vents, l'esquif
arrive tranquillement au port.

VII

Le choléra. — L'Annonciation.

L'année 1832 est tristement célèbre par l'apparition du choléra en France. Le terrible fléau entassait victimes sur victimes, et les nouvelles qui venaient de la capitale étaient alarmantes. Saisis de crainte, les peuples invoquaient le secours de Celui qui frappe et qui guérit.

Arcachon fut alors témoin d'un spectacle touchant et sublime. Les religieuses populations des bords du Bassin font vœu d'aller en pèlerinage à Notre-Dame. Le jour est fixé : les premières clartés de l'aurore donnent le signal du départ. Aucun nuage ne trouble l'azur des cieux, et un léger vent d'est ride à peine la surface des eaux. Une multitude de nacelles supportant des bannières dont les ornements d'or et d'argent brillent aux rayons du soleil naissant, sillonnent la baie tranquille et se dirigent vers le sanctuaire de la Vierge, où les fidèles de la Teste les attendent déjà. Une faible brise transmet au rivage d'Arcachon les chants en l'honneur de Marie. Avertis, les paroissiens de La Teste se rendent sur la plage, où des barques déposent de nombreux pèlerins; et une immense procession se déroule et défile dans l'allée de la chapelle. Au moment du danger, les enfants de Marie se souviennent de leur mère, l'appellent de leurs vœux, accourent, se pressent autour d'elle, se jettent à ses pieds, et, les larmes aux yeux, la

supplient de ne pas les abandonner. Elle est si bonne, Marie!
elle est si bonne! Ils sont exaucés. Cette fois le terrible fléau
ne visite pas les environs de La Teste.

En 1849, on ne s'était pas entouré des mêmes précautions,
et le choléra faisait des ravages affreux dans La Teste. L'épouvante avait gagné les cœurs; on fuyait les pestiférés, on allait
se cacher au sein de la forêt, ou errer sur les bords de la mer.
Le grand nombre se réfugiait à Arcachon. L'air pur de la nouvelle cité semblait guérir les malades; en mettant les pieds
sur ce sol privilégié, ils se croyaient guéris et se trouvaient à
l'abri du danger. Les maisons ne suffisant plus, on dressait des
tentes sur le rivage. La Teste presque tout entière habitait
Arcachon.

Alors on se souvint de la Vierge protectrice, et l'on fit vœu
d'aller dans son temple en pèlerinage. Mais l'enfer déchaîne tous
les éléments pour anéantir ce projet. La procession était prête à
partir; mais le vent soufflait avec violence, et la pluie tombait
par torrents. N'importe : la croix s'avance, et, placés sur deux
rangs, les pèlerins suivent dans un ordre parfait. Harassés de
fatigue, ils arrivent tout mouillés et se prosternent aux pieds
des autels de Marie : ils ont accompli leur vœu.

Le fléau qui, la veille, sévissait avec une fureur sans égale,
cesse : il disparaît sans retour. L'on put admirer la puissance
et la miséricorde infinie de la Mère de Dieu et des hommes.

Qu'on nous permette de faire la description abrégée de
la grande fête d'Arcachon : l'Annonciation; de raconter ce
qu'elle était autrefois, ce qu'elle est aujourd'hui.

Avant la fondation de notre cité, quand Arcachon n'était
encore qu'une plage aride et déserte, rien n'était attrayant
comme le spectacle de cette solennité.

Dès la veille, des caravanes de Landais montés sur de hautes échasses venaient dresser leurs tentes de quelques instants autour de la chapelle, au milieu du parfum balsamique des pins résineux, à l'ombre des vieux chênes de la forêt. Des marchands préparaient leurs boutiques ; les pêcheurs abandonnaient leurs barques et leurs filets. A l'entrée de la nuit, on faisait la prière en commun dans le sanctuaire vénéré : c'était la prière des marins, et les pilotes ne manquaient pas d'y assister avec leurs équipages. Le prêtre récitait les litanies de la Vierge, entonnait l'*Ave maris Stella*, et les marins répondaient. Dans cette solitude, au sein d'une immense forêt, à quelques pas de l'Océan, à la vue de ces nombreux ex-voto ornant le sanctuaire, dans cette chapelle qui rappelait tant de souvenirs, en présence de ces hommes brunis par les vents salés, et qui venaient de quitter le séjour des tempêtes pour invoquer leur Patronne avec cette foi vive et ces accents qu'on retrouve chez eux au moment du danger, il était impossible d'écouter leurs prières ferventes, leurs chants tristes et plaintifs sans éprouver un frisson involontaire, sans être ému jusqu'aux larmes, sans avoir pitié de leur sort. L'imagination s'envolant au milieu des mers, vous offrait le tableau saisissant d'une horrible tempête ; de malheureux naufragés précipités au milieu des flots, emportés par les vagues, appelaient à grands cris l'Étoile des mers..... Quel affreux tableau !... quels serrements de cœur ! Qui ne serait touché de compassion ! Comment ne pas aimer ces pauvres infortunés !

Aussi, la prière finie, le prêtre, vivement impressionné, retraçait d'une manière saisissante les périls de la mer, en s'efforçant d'inspirer une confiance sans limite et sans bornes en Marie.

Telle était la cérémonie de la veille.

Le lendemain, dès l'aurore, les pèlerins affluaient dans toutes les avenues ; mille bateaux sillonnaient le Bassin ; on voyait arriver, à la tête du troupeau confié à leurs soins, les curés des paroisses voisines. Depuis le lever du soleil, les messes se succédaient sans interruption jusqu'à midi ; le sanctuaire était resplendissant de lumière ; de fervents chrétiens prenaient place au banquet sacré, les fidèles se pressaient autour de la statue miraculeuse, et chaque paroisse concourait à l'éclat de la fête par le chant des cantiques.

A onze heures, entouré des fidèles, le clergé se rendait auprès d'une vieille croix de bois ornée de quelques fleurs et placée sur un tertre qui dominait les eaux, dans lesquelles une multitude de barques pavoisées se balançaient et attendaient les bénédictions de l'Église.

Bientôt après, la grand'messe commençait ; une courte instruction, dans laquelle les bons marins n'étaient jamais oubliés, était adressée aux fidèles ; la bénédiction du Saint-Sacrement couronnait cette fête. A deux heures, la foule avait disparu, le mouvement avait cessé, le désert était calme, une solitude profonde régnait autour de la chapelle.

Aujourd'hui le spectacle a changé : près du sanctuaire vénéré, du milieu des sables arides est sortie comme par enchantement une ville brillante de jeunesse. Le jour de l'Annonciation, les pèlerins de Bordeaux et des Landes abondent et forment un étonnant contraste par la variété des costumes. Les cérémonies religieuses ont la pompe de nos cités. La procession commence à onze heures. La croix précède ; elle est suivie d'une statue de la Vierge de grandeur naturelle, debout sur un riche brancard porté sur les épaules de quatre robustes marins. Autour de la statue, vingt-quatre jeunes filles, aux vêtements blancs et couronnées de roses, agitent des étendards ou jettent des fleurs sur le passage de la Triomphatrice. Quatre bannières retraçant les principaux mystères de la vie de Marie sont portées par un chœur de demoiselles qui répètent alternativement avec les chantres les hymnes de la Vierge. Précédé d'un nombreux clergé, le prêtre officiant se dirige vers le rivage où, en bénissant les barques et les filets, il supplie le ciel d'arrêter la foudre et d'enchaîner l'esprit des orages et des tempêtes. Bientôt après, le flot des fidèles se presse dans l'étroite enceinte; on célèbre les divins mystères à la lueur de mille flambeaux allumés par la reconnaissance. La messe royale, toujours belle, belle surtout quand elle est chantée par un chœur nombreux et nourri, est d'obligation ce jour-là. Tous les chantres des paroisses voisines se sont donné rendez-vous pour la chanter avec accompagnement de l'orgue.

La solennité finit à quatre heures par la bénédiction du Saint-Sacrement.

VIII

Bénédiction des enfants. — Procession nautique.

Depuis quelques années, les bains de mer d'Arcachon jouissent d'une grande renommée en France et même dans les pays étrangers ; leur réputation va tous les jours croissant. Quand on veut se livrer au luxe des toilettes, passer son temps dans les soirées, au milieu des bals, et mener ce qu'on appelle une vie de plaisirs, la nouvelle cité n'a pas de charmes assez puissants ; mais elle plaît beaucoup à ceux qui veulent travailler sérieusement à rétablir leur santé et à goûter les délices de la vie de famille.

Ce n'est point ici le lieu de s'étendre sur l'efficacité si connue de nos bains de mer.

Je dirai seulement ce que tout le monde sait, qu'Arcachon est surtout la patrie et comme le paradis terrestre des enfants. Les heureux effets de son climat et de ses eaux dans ces jeunes tempéraments, tiennent du prodige ; et les hommes de l'art s'accordent à répéter qu'il n'est point, en France, de pays plus favorable à la santé des enfants.

Sur une plage unie, sablonneuse, réchauffée par les rayons du soleil, la marée va et vient régulièrement, et les invite à se plonger sans crainte dans une onde tiède et paisible. Ils passent les longues journées d'été dans une atmosphère, au milieu des sables imprégnés de sel ; et dans tout leur être, s'opère une révolution subite, profonde et salutaire.

Voyez ces enfants qui nous viennent aux mois de juillet, d'août et de septembre : ils étaient pâles, souffrants, malades ; ils se retirent frais, robustes, pleins de santé. La religion devait consacrer ce bienfait de la nature, et élever les pen-sées et les cœurs des fidèles vers l'Auteur de tous les dons.

De là vient la création d'une fête pour les enfants. Elle se célèbre au commencement du mois d'août. Vêtus de blanc, couronnés de roses, et agitant des étendards sur lesquels brillent les images de Jésus, de Marie et de Joseph, ces anges de la terre se rendent aux pieds de leur auguste Patronne. On offre les divins mystères au milieu des saints cantiques. On fait une courte instruction dans laquelle sont retracés les de-voirs des pères et des mères. La bénédiction solennelle des enfants commence : on récite sur eux les saints Évangiles, et, après les avoir consacrés à la Vierge, on leur distribue des médailles qu'ils portent fidèlement en signe de reconnaissance et de protection.

Nos lecteurs ne nous pardonneraient pas, s'il nous arrivait de passer sous silence une procession nautique qui est d'un charme inimitable, parce que le Bassin d'Arcachon n'a pas de rival.

Elle eut lieu le 8 août 1854, et doit se renouveler tous les ans vers la même époque. Au milieu d'un nombreux clergé et des autorités civiles, militaires et maritimes de La Teste et de Bordeaux, Son Éminence le cardinal Donnet daigna la prési-der. Nous avions un véritable ciel du Midi, et une légère brise tempérait les ardeurs du soleil. Une heure avant la pleine mer, la procession défile dans l'allée de la chapelle et se rend sur les bords du Bassin, où une multitude de barques pavoi-

sées, ornées des couleurs et des images de la Vierge, attendent le moment du départ.

La croix, les acolytes, les enfants de chœur s'embarquent
pour ouvrir la marche de la procession. Huit jeunes batelières
au corset bleu, en robe et cornette blanches, reçoivent dans
une barque ornée de guirlandes et de fleurs une statue de
la Vierge de grandeur naturelle, sur la tête de laquelle brille
une étoile d'or. Son Éminence prend place dans une nacelle
richement décorée et surmontée d'un dais en velours cramoisi.
Deux chaloupes, celle de la Douane portant les autorités civiles, celle de M. le duc de Luynes dans laquelle se trouve la
famille du duc, luttent d'élégance et de beauté. La foule
se presse dans une nuée de petites nacelles. On voit les plus
timides rester sur le rivage, spectateurs attentifs de la solennité. La musique de la Société de Sainte-Cécile de La Teste
et celle du régiment de Bordeaux ouvrent et ferment la procession. Le signal du départ est donné, et l'on entend de
joyeuses fanfares.

Ces sons harmonieux, les chants qui les suivent, l'azur des
cieux, les zéphirs qui caressent la surface des eaux, la fraîcheur de l'air qu'on respire, le mouvement régulier des flots
balançant doucement les nacelles, mais surtout cette Vierge
qui paraît marcher sur les eaux comme son Fils autrefois sur
le lac de Génézareth, ce spectacle saisit, va au cœur et l'at-
tendrit. Il est difficile de maîtriser son émotion et de ne pas
verser des larmes de joie et de bonheur.

Elles coulèrent abondantes quand la procession arriva au
débarcadère, où le coup d'œil est toujours si beau.

Une gracieuse chapelle avait été dressée à l'extrémité qui
s'avance dans le Bassin, et semblait suspendue comme par enchantement au-dessus des eaux. Son Éminence va s'y placer

tout émue, et de là, au milieu d'une foule immense et recueillie, elle donne solennellement à la ville naissante et à la baie cette bénédiction qui rappelle cette autre si connue : *Urbi et orbi.*

Il se fait un grand silence : tout à coup les deux musiques entonnent à la fois le chant de la victoire, et la procession s'avance du côté de l'est, comme pour consacrer l'emplacement sur lequel les pieuses largesses des habitants du quartier du Mouëng ont créé, en 1855, l'élégante chapelle romane de Saint-Ferdinand.

Il était cinq heures, et la marée descendante invitait les pieux pèlerins à la suivre dans son mouvement. Pendant que le retour s'opère, les deux corps de musiciens se détachent, gagnent le large, et, parvenus au milieu du Bassin, ils nous envoient des flots d'harmonie que les eaux paisibles de la baie nous transmettent avec une espèce d'enivrement. Peu à peu ils se rapprochent de nous; les sons deviennent plus distincts et mieux accentués, jusqu'à ce qu'enfin la musique nous rejoint à notre arrivée au point du départ.

Ainsi finit cette procession, qui laissera des souvenirs ineffaçables dans l'esprit de tous ceux qui en furent témoins, et qu'un artiste habile, M. le duc de Luynes, a reproduite avec un talent rare dans un tableau que le Palais des Beaux-Arts serait heureux de posséder, s'il nous était donné de triompher de la modestie de l'artiste.

N. B. — Nous terminerons cet opuscule par la lettre pastorale que Son Éminence le Cardinal-Archevêque de Bordeaux a daigné adresser, le 25 février 1855, à tous les zélateurs des sanctuaires de Marie, en faveur de la reconstruction et de l'agrandissement de la chapelle de Notre-Dame d'Arcachon.

LETTRE PASTORALE

DE SON ÉMINENCE MONSEIGNEUR LE CARDINAL-ARCHEVÊQUE DE BORDEAUX

AUX ZÉLATEURS DES SANCTUAIRES DE MARIE

et à toutes les âmes généreuses que les bains de mer attirent sur la plage d'Arcachon,

Pour les engager à reconstruire, en l'agrandissant, la vieille chapelle et à la surmonter d'un clocher convenable.

———◦◦◦———

FERDINAND-FRANÇOIS-AUGUSTE DONNET,

Par la grâce de Dieu et l'autorité du Siége Apostolique, Cardinal-Prêtre de la Sainte Église Romaine, du titre de Sainte-Marie in viâ, *Archevêque de Bordeaux, Primat d'Aquitaine, etc., etc.,*

AU CLERGÉ ET AUX FIDÈLES DES BORDS DU BASSIN D'ARCACHON, AINSI QU'A TOUTES LES AMES GÉNÉREUSES DE NOTRE DIOCÈSE,

Salut et Bénédiction en Notre Seigneur Jésus-Christ.

———————

NOS TRÈS-CHERS FRÈRES,

Déjà, nous vous avions exhortés à agrandir la chapelle de Notre-Dame d'Arcachon et à la surmonter d'un clocher en rapport avec le monument qu'appellent tant de vœux! Nous pressentions l'accroissement prodigieux de la cité nouvelle qui a surgi comme par enchantement sur cette plage embaumée du parfum de ses pins séculaires, rafraîchie par la brise de la mer, et qui n'est plus, grâce à la rapidité des communications, qu'à une faible distance de Bordeaux et à douze ou quinze heures de Paris.

Nous sommes heureux de le proclamer, nos espérances ont été dépassées. On ne désire plus agrandir une chapelle insuffisante, il s'agit d'élever une église aux vastes proportions.

Par un décret du 15 avril 1854, le Gouvernement, qui porte un vif intérêt à ces contrées, a, sur notre demande, doté Arcachon d'un titre paroissial. Nous nous sommes empressé d'y envoyer un de ces hommes puissants en paroles et en œuvres, qui, avec l'activité dont il nous a donné tant de preuves, pût faire surgir, comme par miracle, les deux sanctuaires indispensables à la nouvelle population.

Déjà, son zèle, secondé par la générosité de quelques propriétaires, a jeté les fondements d'une chapelle de secours. Bientôt, ce gracieux sanctuaire apparaîtra à vos yeux, surmonté d'une flèche élégante, et dans quelques mois nous serons heureux d'aller le consacrer nous-même, en appelant les bénédictions du ciel sur ses fondateurs.

Mais pendant que ces âmes dévouées assuraient ainsi le service religieux de l'extrémité *est* d'Arcachon, le Conseil de fabrique s'occupait des moyens de donner de plus vastes proportions à l'église actuelle. Il vient d'obtenir l'autorisation d'une loterie, dont le produit, affecté à son agrandissement, sera une des plus importantes ressources de cette œuvre si éminemment utile.

Nous venons donc vous inviter, N. T.-C. F., comme le faisait, en 1624, l'un de nos plus illustres prédécesseurs, l'incomparable cardinal de Sourdis, à remplacer l'oratoire, enrichi de l'image de Celle qui veut bien être appelée l'Étoile des mers, par un monument plus en rapport avec vos besoins. Nous le laisserons sur le lieu même où Marie est spécialement honorée.

Quelques personnes, animées des intentions les plus droites, se sont un instant préoccupées de la crainte que l'antique sanctuaire, ainsi renouvelé, cessât d'être l'objet de la vénération des fidèles. Qu'elles se rassurent. Le pèlerinage n'est point déplacé; le lieu reste le même. Les cérémonies augustes de la religion frapperont d'autant plus les esprits, qu'elles seront célébrées dans un temple plus en harmonie avec la majesté du culte catholique.

Les souvenirs historiques qui se rattachent au pays nous fournissent eux-mêmes la preuve que ce que nous allons faire avait été déjà fait. Le pieux ermite dont la confiance en la Mère de Dieu venait d'obtenir le salut d'un navire en danger, n'avait pu rassembler que quelques planches sur cette grève solitaire pour abriter la statue de la Reine des cieux. Plus tard, en 1624, une chapelle fut construite en pierres sur le même emplacement. L'histoire nous apprend que la foi, au lieu de s'affaiblir, en présence de cette amélioration, ne fit que s'accroître.

En 1721, le sable envahisseur, auquel le génie de l'homme n'était pas encore parvenu à opposer une insurmontable barrière, couvrit le second sanctuaire, qu'il ne fut plus possible de rétablir. On dut, quoique à regret, le transporter sur le tertre si bien choisi où, nous l'espérons, il sera fixé pour toujours. La statue miraculeuse, objet, depuis près de quatre siècles, de la vénération toujours croissante des marins, deviendra encore l'ornement le plus précieux du nouveau sanctuaire.

Nous retrouverons, nous en avons la douce confiance, dans nos prochaines visites à Arcachon, cette ferveur touchante que vous fîtes éclater le jour où il nous fut donné de voir porter en triomphe, sur les flots, l'image de votre auguste Protectrice, et de bénir solennellement ces barques légères que vous livrez avec tant de courage et d'abandon aux caprices des mers.

Sans doute, le Seigneur peut se passer de l'humble demeure que lui élève la main de ses enfants ; il remplit tous les lieux de son immensité. Mais, qui ne sait que la piété a besoin du secours des formes extérieures, des images sensibles, pour se ranimer et se soutenir ?

En apercevant de loin la flèche élancée de nos églises rurales, en entrant dans un sanctuaire richement orné, notre cœur est ému; et nous sommes tenté de dire avec le prince des Apôtres, dans l'extase des joies et des gloires du Thabor : *Il fait bon ici, établissons-y notre demeure;* ou de nous écrier avec le Prophète, en contemplant la majesté du temple, la décoration de son autel, l'éclat et la pompe de ses cérémonies : *Que vos tabernacles sont beaux, Dieu des vertus ! que vos tentes sont magnifiques, ó Israël!* (1)

Ah ! si nous connaissions la puissance et la bonté de Celui qui honore de sa présence réelle nos sacrés parvis ! si nous étions pénétrés des mystères de grâce et d'amour qu'annonce l'airain béni de nos églises, les plus riches offrandes, pour la construction et l'entretien de son sanctuaire, ne nous paraîtraient pas une assez digne expression de notre foi et de notre reconnaissance !

Mais peut-être que quelques frères, cédant aux calculs d'une prudence trop humaine, ont dit jusqu'à ce jour, comme autrefois les temporiseurs d'Israël au retour de la captivité : *Le temps n'est pas encore venu de restaurer et d'agrandir le sanctuaire du Très-Haut.* Qu'ils nous permettent de leur répondre avec un prophète,

_____

(1) Quàm dilecta tabernacula tua, Domine virtutum ! (*Ps. LXXXIII,* 2.) Quàm pulchra tentoria tua, Israel! (*Num. XXIV,* 5.)

en toute charité, mais aussi en toute vérité : Est-il temps que vous ayez de riches et élégantes demeures, et que vous laissiez la maison du Souverain Maître menacer ruine de toutes parts (1) ?

Si c'est une œuvre méritoire et digne d'éloges de décorer convenablement la maison de Dieu, ne devons-nous pas aussi la pourvoir de ces tours majestueuses, de ces flèches aériennes d'où part la voix solennelle qui convoque aux pieds des sanctuaires tous les membres de la grande famille ? Voix merveilleuse qui, en rapprochant les distances, devient le seul interprète assez fort pour transmettre jusqu'au trône de l'Éternel nos joies et nos tristesses, nos prières et nos repentirs !

Le clocher fait le plus bel ornement du village, comme la gloire et l'orgueil de nos plus fières cités. Ne pas donner à nos temples cet indispensable complément, n'est-ce pas les priver du langage éloquent et muet qui se fait comprendre à tous les yeux ? Sans les dômes majestueux qui les surmontent, nos églises ne nous apparaissent plus que comme des reines sans diadème, assises dans l'humiliation. On croirait à une absence de Dieu qu'on ne voit point régner par sa grandeur au-dessus des habitations de l'homme, et veiller par sa bonté aux besoins de ses enfants.

Avec quelle émotion nos braves marins et les nombreux étrangers que les bains de mer attirent dans vos parages, n'écouteront-ils pas les joyeux carillons ou les brillantes volées qui leur viendront du sanctuaire de la Mère de Dieu ! L'airain du temple leur dira que tout près est une plage chérie du ciel, jadis défrichée par un ange terrestre et embaumée par l'odeur des vertus qui faisaient fleurir le désert et *tressaillir de joie la solitude*. Pourront-ils ne pas pénétrer dans ce pieux asile disposé tout exprès pour la prière, fermé à tous les bruits d'ici-bas, et ouvert du côté du ciel pour recevoir et retenir, comme dans une coupe sacrée, les rosées qui en descendent ?

Ah ! comme le cœur du pèlerin battra plus vite, quand il commencera à découvrir à travers le feuillage, au-dessus de la fumée de tant de gracieuses habitations, la flèche élancée qui enverra à son oreille les premières ondulations de l'airain sacré ! Si l'orgue est l'expression de la prière publique dans nos vastes basiliques, la cloche est l'expression de la prière universelle dans le temple auguste

(1) Agg. 1. 2. 3.

de la création ; c'est la voix du peuple et de l'humanité tout entière. Voix pleine de force et de vertu (1), qui porte les terreurs ou les joies de l'avenir dans les solitudes de nos consciences ! Heureux jours où les échos de nos vallées, attristés d'un demi-siècle de silence, rediront de nouveau la mélodie de ces accords qu'ils se renvoyaient naguère de proche en proche jusqu'à ce qu'ils exhalassent leurs derniers murmures dans les profondeurs du ciel et des eaux !

Fidèles à cette inspiration, vous mettrez en commun les offrandes de la richesse et de la pauvreté ; le ciel couronnera vos efforts, et vous pourrez bientôt vous écrier : Le voilà enfin, tel que nos vœux l'appelaient, ce sanctuaire de Marie, commencé par nos aïeux et achevé par la main de leurs enfants ; il portera jusqu'à nos derniers neveux, comme un souvenir éternel, le nom béni de ses restaurateurs !

Quelle jouissance pour vous, N. T.-C. F., quand vos regards se porteront sur un gracieux campanile, étincelant de mille jours, découpé en élégantes dentelures où le ciseau de l'artiste se sera joué en quelque sorte avec les prodiges ! Pourrez-vous passer sous son ombre vénérable, sans lever sur la croix dont il sera couronné un regard où se peindra visiblement l'émotion d'une surprise toujours nouvelle !

Montrez donc à la face des églises (2), vous dirons-nous avec le grand apôtre, *la charité qui est en vous.* Nous vous promettons notre concours, celui du clergé et de tous les pieux fidèles de notre diocèse.

A CES CAUSES, nous avons réglé et réglons ce qui suit :

ARTICLE PREMIER. La chapelle de Notre-Dame d'Arcachon, érigée en église paroissiale par décret impérial du 15 avril 1854, sera reconstruite, selon la demande unanime du Conseil de fabrique, dans de vastes proportions, sur la place même où elle existe actuellement, et surmontée d'un clocher en rapport avec l'importance de la nouvelle église. L'autel principal continuera d'être sous le vocable de *Marie conçue sans péché*, et les deux autels latéraux se-

---

(1) Vox Domini in virtute, vox Domini in magnificentia. (*Psal. XXVIII.*)

(2) Ostensionem ergò quæ est charitatis vestræ in illos ostendite, in faciem ecclesiarum. (II. *Cor. VII*, 24.)

ront dédiés à sainte Anne et à saint Clair. La statue de la Reine des cieux, recueillie sur la côte d'Arcachon par le frère Thomas Illyricus, vers la fin du xve siècle, sera religieusement conservée et placée dans le sanctuaire de la nouvelle église.

Art. 2. Nous recommandons à toutes les âmes généreuses et à tous les zélateurs des sanctuaires de Marie la loterie autorisée par le Gouvernement, pour la réalisation de cette œuvre placée sous notre patronage.

Art. 3. La souscription instituée dans le même but, par notre Lettre pastorale du 8 septembre 1851, continuera de rester ouverte. Les offrandes seront reçues :

Chez MM. *les Curés* de toutes les paroisses du diocèse;

A Arcachon, chez M. *Lamarque de Plaisance*, maire;

A La Teste, chez MM. *Bestaven*, ancien maire; *Moureau*, ancien adjoint, membres du Conseil municipal et du Conseil de fabrique; M. *Marichon* et M. le Commissaire de l'Inscription maritime;

A Bordeaux, chez M. *F. Fonteneau*, membre du Conseil de fabrique d'Arcachon, rue Millière, 55; M. l'abbé *Bataille*, chanoine honoraire, aumônier du Lycée; M. *Fonteneau*, secrétaire de l'Archevêché; et M. *Bermond fils*, rue du Couvent, 21;

A Pessac, chez M. *Oscar Dejean*, juge de paix, ancien maire de La Teste, membre du Conseil municipal et du Conseil de fabrique d'Arcachon.

Art. 4. Nous ne ferons d'appel à la charité publique que par les deux moyens ci-dessus indiqués.

Les souscriptions volontaires seules, ou jointes aux fonds accordés par le Gouvernement et les Conseils municipaux, ont suffi pour rebâtir en entier ou en partie les églises de Saint-Martial, de Saint-Jacques, de Bon-Secours, de Libourne, Langon, Saint-Julien, Talence, Arveyres, Lamarque, La Bastide, Verdelais, Saint-Sulpice, Saint-Vincent-de-Paul, Vayres, Gornac, Talais, Saint-Aubin-Lalande, Loirac, Anglade, Landiras, Gradignan, Camblanes, Saint-Paulin, Saint-Delphin, Arcins, Fargues, Sauternes, Condat, Macau, Bourideys, Cérons, Saint-Maixent, Teuillac, Gujan, Saint-Yzan, Plassac, le Fieu, le Pian, Hure, Saint-Michel, Carcans, Saint-Seurin-de-Cadourne, Lartigues, Hostens, Saint-Antoine, Eynesse, Coubeyrac, Vensac, Grayan, Blasimont, Savignac, Notre-Dame-de-Lorette, Saint-Médard-en-Jalle, Saint-Vivien, Mouliès, Civrac-Médoc, Saint-Amand, Arès, Valeyrac, Juliac, Saint-

André, Saint-Léonce, Saint-Sulpice-d'Izon, Saint-Pey-d'Aurillac, Lugos, Cazeaux, Loupiac, Sainte-Foy, Belin, Salles, Saint-Meydard-d'Eyrans, le Bouscat, Montigo, Saucats, Saint-Ciers-Lalande, Étauliers, Sauveterre, Caudéran, ainsi que les beaux clochers de Baurech, Gaillan, Aillas, Saint-André-du-Bois, Ambarès, La Rivière, Comps, Cartelègue, Civrac, Belvès, Guîtres, Hure, Moulon, Saint-Christoly, Saint-Peys-de-Mons, Cambes, Lestiac, Cérons, Loupiac, Toulenne, Floirac, Ordonnac, Bassens, Gensac, Saint-André-d'Appelles, Libourne, Lapouyade, Saint-Vivien-de-Monségur, Preignac, Civrac-Médoc, Saint-Estèphe, Mazères, Bonzac, Verdelais, Auros, Cadaujac, Saint-Trélody, La Tresne, Le Broussais, Tabanac.

ART. 3. Et sera lue notre présente Lettre pastorale dans toutes les églises et chapelles de notre diocèse, le dimanche qui en suivra la réception, et communiquée à toutes les personnes qui voudront bien s'associer à la bonne œuvre.

Donné à Bordeaux, dans notre Palais archiépiscopal, sous notre seing, le sceau de nos armes, et le contre-seing du Secrétaire de notre Archevêché, le 25 février 1855, premier dimanche du Carême, jour de la proclamation solennelle dans notre diocèse des Lettres apostoliques sur l'Immaculée Conception.

☩ FERDINAND CARDINAL DONNET,
Archevêque de Bordeaux.

Par mandement de Son Éminence :

FONTENEAU,
Secrétaire de l'Archevêché.

www.ingramcontent.com/pod-product-compliance
Lightning Source LLC
LaVergne TN
LVHW022033080426
835513LV00009B/1016